마음을 알면 협상이 보인다!!

협상천재의 마음경영전략

세클 朴現在
Daniel, Hyunchae Park

협상의 시작은 나의 마음을 알고
상대방의 마음을 이해하는 것이다

전남대학교출판문화원

세클 박현재는 지구라는 별에서 왔습니다. 영어 이름은 Daniel 이며, 인도 이름은 Anand입니다. 현재 화성에서 온 아내와 같이 살고 있습니다. 그래서 "당신은 참 특별한 사람이야", "당신은 참 고급스러워요"라는 표현을 자주 합니다. 제가 만약 "너는 별볼일 없는 사람이야"라는 말을 한다면 큰 일이 생길 것입니다. 따라서 생활하면서 그런 말을 하지 않습니다.

제가 가장 존경하는 저의 어머니는 수성에서 오신 분 입니다. 이것을 깨달은 후 어머니와의 관계가 많이 부드러워졌습니다.

또한 제가 지구라는 별에서 왔음을 깨달은 후, 저는 저에 대해 정말 많은 것을 이해하게 되었습니다. 그래서 현재(today)는 신이 주신 최고의 선물이라고 생각하며 살아갑니다. 한때는 네잎 클로버가 가장 가치 있는 것이라고 생각하여 인생 길을 헤매는 사람이었습니다. 하지만, 지금은 아닙니다. 세클(세잎 클로버)속에 행복이 있다는 것을 알게 되었기 때문입니다.

당신은 어느 별(행성)에서 왔나요? 그리고 상대방은 어느별(행성)에서 왔나요?

자, 이제 우리 행복을 찾아 마음 여행을 떠나볼까요~~~

박현재는 3P(People, Planet, Performance)의 balance 및 harmony에 관심이 많은 심리학자 겸 경영학자입니다.

협상천재의 마음경영전략

마음을 알면 협상이 보인다!!

인　쇄 | 2019년 2월 22일
발　행 | 2019년 2월 27일

저　자 | 박현재
발행인 | 정병석
발행처 | 전남대학교출판문화원

등　록 | 1981. 5. 21. 제53호
주　소 | 61186 광주광역시 북구 용봉로 77
전　화 | (062) 530-0571~2
마케팅 | (062) 530-0573
팩　스 | (062) 530-0579
이메일 | cnup0571@hanmail.net
홈페이지 | http://www.cnup.co.kr

값 10,000원

ISBN 978-89-6849-612-7 (93320)

이 도서의 국립중앙도서관 출판예정도서목록(CIP)은 서지정보유통지원시스템 홈페이지(http://seoji.nl.go.kr)와 국가자료공동목록시스템(http://www.nl.go.kr/kolisnet)에서 이용하실 수 있습니다. **(CIP제어번호: CIP2019006823)**

협상천재의 마음경영전략

– 마음을 알면 협상이 보인다!! –

세클 朴現在
Daniel, Hyunchae Park

협상의 시작은
나의 마음을 알고
상대방의 마음을
이해하는 것이다!!!

머리말

현대 사회는 협상의 연속이다.
인생의 성공은 협상에 달려있다고 해도 과언이 아니다.
손자병법에 보면 '지피지기면 백전불태(知彼知己, 白戰不殆)' 라고 했다.
"적을 알고 나를 알면, 백 번을 싸워도 위태롭지 않다."라는 뜻이다.

협상도 결국 사람이 하는 것이다. 따라서 사람을 이해하는 것,
사람의 마음을 이해하는 것, 자신을 이해하는 것,
협상 상대방을 이해하는 것이 성공적 협상을 위한 출발점이다.

필자는 협상의 출발은 사람의 마음을 이해하는 것이라고 생각하여,
이에 대해 많은 관심을 기울여왔다.
본서에서는 사람의 유형을 이해하기 위한 3가지 기본 분석틀을 소개하고자 한다.
3가지 분석틀을 활용하면 사람의 마음을 3차원적으로 이해할 수 있을 것이다.
3차원적으로 자신과 상대방의 유형을 파악하게 되면,
당신은 이제 협상천재가 될 준비가 된 것이라고 확신한다.

당신은 어느 별(행성)에서 왔나요?
그리고 상대방은 어느 별(행성)에서 왔나요?
자, 이제 우리 마음 여행을 떠나볼까요

~~~~~
~~~~~

목 차

1 협상이란?

협상
(negotiation)

=

사람의 속 마음을
이해하는 것

협상은 협상의 컨텐츠보다 먼저 사람의 마음을 살펴야!!!

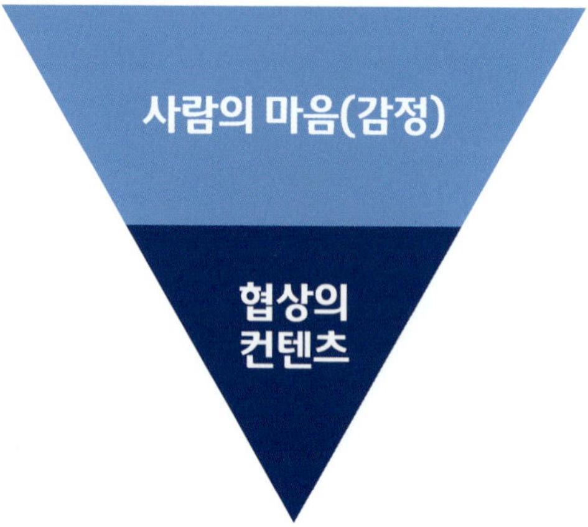

협상에는 협상 상대방 뿐만 아니라 협상에 영향을 미치는 제 3의 인물도 고려해야!!!

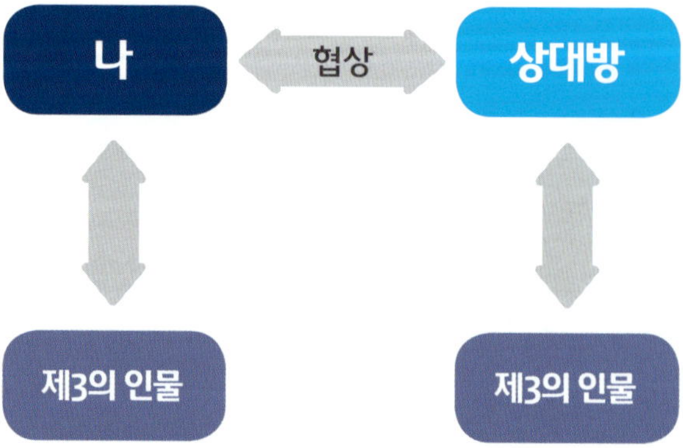

협상에서 제일 중요한 5가지 고려 요소 !!

- 협상의 목표
- 상대방의 마음을 얻기 위한 감정표현
- 협상 상대방의 표준 및 진짜 의도파악
- 협상 상대방 설득위한 나의 카드 (배트나 포함)
- 어떤 가치를 서로 교환할 것인가?

협상에 임하기 전에 5가지 질문을 꼭 해보아야 한다.

* 배트나(BATNA) ; 협상 결렬 시 대신 취할 수 있는 차선의 대안 (Best Alternatives to Negotiated Agreement)

협상

(negotiation)

||

나를 알고
상대방을 이해하고
협상에 영향을 미칠 수 있는
제3자를 알아야 함.

2 마음경영을 위한 3가지 기본 분석틀 (Framework)

1) 사람의 감각유형 알아보기 ; TVAR Framework (분석틀)

2) 사람의 행동유형 알아보기 ; DISC Framework (분석틀)

3) 사람의 심리(행성)유형 알아보기 ; 행성심리(Planet Psychology)

1) 사람의 감각유형 알아보기 ; TVAR Framework (분석틀)

당신과 협상 상대방 그리고 협상에 영향을 미칠 수 있는 제3자의 감각 유형은?

감각형 (Touch)	시각형 (Visual)
청각형 (Auditory)	논리형 (Rational)

2) 사람의 행동유형 알아보기 ; DISC Framework (분석틀)

당신과 협상 상대방 그리고 협상에 영향을 미칠 수 있는 제3자의 행동 유형은 ?

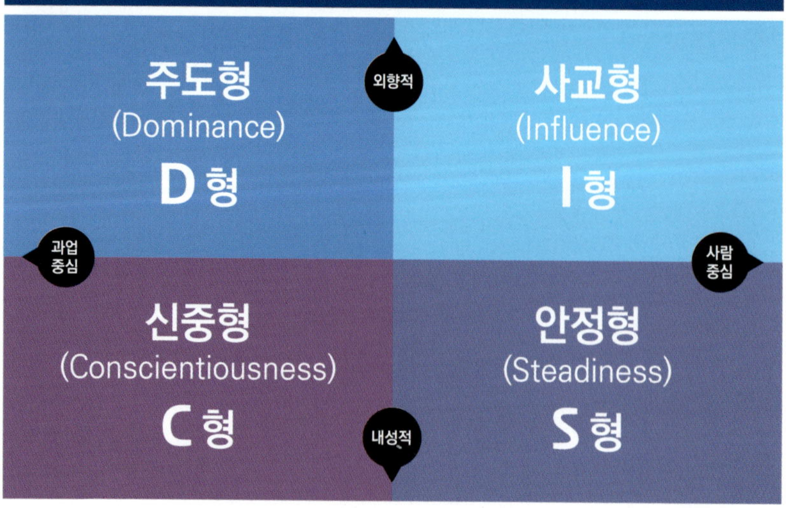

* Marston (1928), Wallace & Clarke (1956)

3) 사람의 심리(행성)유형 알아보기 ; 행성심리(Planet Psychology)

* 행성심리는 20여 년의 심리상담경험과 이론적 고찰 그리고 행성에 대한 연구를 바탕으로 박현재 교수와 이루디 대표가 이해하기 쉽게 만들어낸 심리유형입니다.

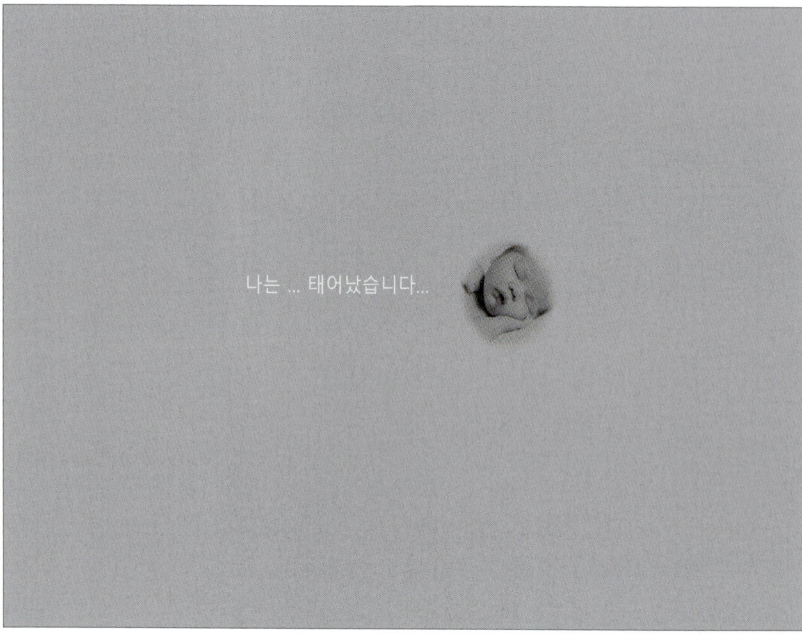
나는 ... 태어났습니다...

나는 왜 태어났는지 나는 늘 궁금 했습니다.....

어느 날
어쩌면 나는 우주를 닮았을 지도 모른다는 생각을 하게 되었습니다
박현재

넌 어느 별에서 왔니?
넌
빛이란다
태양의
생명의
빛을 받아서
빛을 내는
별빛
그리고
너는
빛을
닮은
작은 우주란다

사람의 심리(행성)유형 알아보기 ;

Planet Psychology

1. 행성심리란?
2. 행성의 과학적 접근과 심리적 연관성

1. 행성심리란?

천성은 어쩔 수 없다?
사람마다 타고난 성향이 있다?
타고난 성향을 알아보기 위한 수많은 시간 동안의 수많은 사람들의 노력,
우리는 이제 타고난 성향을 알아보기 위하여
사람이 우주를 닮았다는 것을 통해
우주를 품는 사람이 되라는 옛 성인들의 가르침을 통해
정보를 찾아보기로 한다.

사람이 우주를 닮았다 어떻게?
닮았다고 말하기 위해서는 같은 성분의 형태를 갖추고 있어야 한다.
그래서 무엇보다 우리가 살고 있는 지구가 속한 우주, 태양계와 사람이 서로 닮은 정보를 찾고자 한다.

태양계에는 태양을 비롯하여 8개의 행성이 각자 형태를 이루어 끊임없이 우주여행을 하고 있다.

행성의 과학적 접근과 심리적 연관성

태양계는 물론이거니와 우주를 이루고 있는 가장 큰 성분의 형태는 먼저는 기체이든, 액체이든, 고체이든
물질이라는 것과 그 물질의 힘의 균형 관계에서 별이 생명이 있는 동안
일정한 궤도를 항상 유지하는 에너지가 있으며,
또한 이 모든 것을 확인하고 볼 수 있는 빛이 존재하고 있다.

그렇다면 사람 또한 소우주이기 때문에 이와 같은 성분이 있어서 우주를 닮았다 할 수 있는 것이다.
사람에 있어 물질에 해당되는 것은 당연히 우리의 몸이다.
그리고 에너지는 생명이 있는 한 끊임없이 일정한 힘을 유지하게 해주는데,

이러한 에너지는 우리의 마음에서 비롯된다.
그렇다면 빛의 성분은 사람의 어떤 것과 닮았을까?
빛이 있음으로 무엇이 어떻게 어디에 존재하는지를 알 수 있으니,
먼저는 볼 수 있고, 들을 수 있고, 알 수 있는 우리의 머리(뇌),
그리고 얼굴 표정으로 나타나는 사람의 생각이다

NO 1.
필수정보입력사항
마음을 움직이는 비즈니스

토 론 방

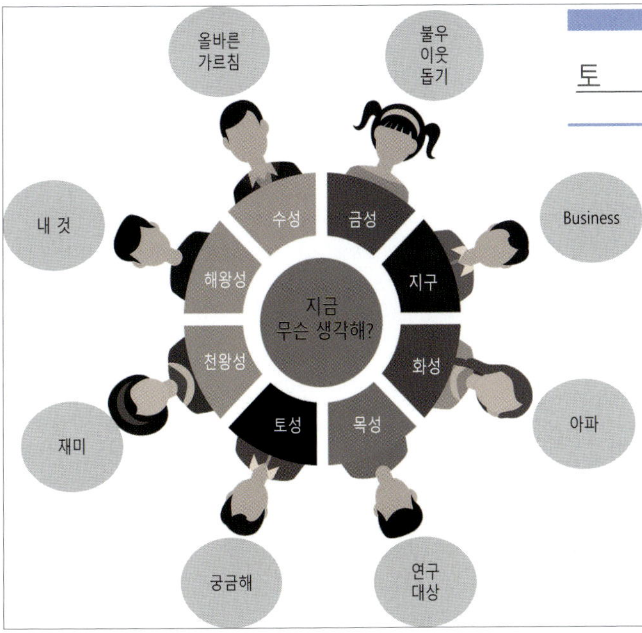

용 어 정 리

사전적 의미	용 어	심리적 의미
어떤 물체의 기울어진 정도	**기울기**	자기기준 (삶의 가치관, 중심축이 되는 것)
천체가 그 자신의 무게중심을 지나는 회전축의 주위를 회전하는 운동의 주기	**자전주기**	자아중심 (자신을 돌아보는 시간)
한 천체(天體)가 다른 천체의 둘레를 주기적으로 도는 일의 주기	**공전주기**	관계중심에 관련된 시간 (세상의 삶에 대해 교류하고 상호작용하는 시간)
행성 내부의 제일 안쪽 층에 형성된 고체 혹은 액체 층으로 구성된 것	**핵**	속마음 (아무도 모르는, 혹은 나도 모르는 내 마음)

수성

수 성 과 만 남 전 필 수 정 보 입 력 사 항 !

수성(선생님) "군자는 세상에 좋아하거나 싫어하는 것이 없이 오직 옳은 것을 따를 뿐이다"
-공자-

수성: 교육, 원칙, 윤리, 도덕, 예의를 중요시 하는 유형

마음: 모두 고쳐주려는 마음

행동: 사랑은 올바른 가르침

수성 (선생님) 1.특징

1) 표현

"똑바로 , 반듯하게 , 고쳐, 말 좀 들어, 제자리에 , 바르게, 착하게, 옳지 않아"

수성 (선생님)

2) 마음가짐

수성의 마음은 올바른 가르침을 주 기준으로
모두 고쳐주려는 마음가짐으로
눈은 단점을 확대해서 보는 돋보기와도 같다.
그래서 보이는 단점을 상대방에게 지적 한다.

마음속에 기준을 두고 올바른 방향을 추구하며
옳고 그름의 기준이 명확하다.

수성 (선생님)

3) 신념

"모든 것을 완벽하게 교육해야 한다"

라는 신념으로 똑바로, 바르게, 기본, 예의, 근면, 정숙. 성실, 인사,
예절, 질서, 제대로, 반듯하게. 원칙, 규칙, 도덕, 윤리, 에 대한
생각이 항상 머릿속에 존재한다.

수성(선생님)의 2. 과학적 접근과 심리적 연관성

과학적 용어		심리적 의미	
기울기	0.001~0.5도 기울기	**자기기준**	똑바로 서세요
자전주기	하루59일	**자아중심 시간**	59일에 한번 쉬니까 너무나 피곤해
공전주기	일년 88일	**관계중심 시간**	지구보다 4배 더 빠르게 나이를 먹는다고 노후준비 철저
핵	철 핵!	**속마음**	철 핵! 내 마음은 날 때부터 **철** 들었다구

금성

금 성 과 만 남 전 필 수 정 보 입 력 사 항 !

금성(친구) "강렬한 사랑은 판단하지 않는다. 주기만 할 뿐이다"
-마더 테레사-

금성: 친절, 봉사, 나눔을 중요시 하는 유형

마음: 모두 나눠 주려는 마음

행동: 사랑은 불우이웃 돕기

금성 (친구) 1.특징

1) 표현
마음 따듯한 인정이 많은 사람이 되기 위해

"내가 도와 줄게", "친하게 지내자",
"내가 잘 알아, 내가 그 사람과 친구야~", "난 괜찮아~",
"도와줄까?", "언제든지 말 만해", "사랑합니다", "고마워"

금성 (친구)

2) 마음가짐

금성은 배려와 봉사 나눔이 기준이다

특히 소외되고, 어렵고, 도움의 손길이 필요한 곳에 는 금성이 있다

금성 성향의 사람들에게 배려와 나눔은 당연한 것이다.

금성 (친구)

3) 신념

"잘 도와주어야한다"는 신념,

인정 많고, 다정하게 착하게, 친절하게,
착하고 좋은 마음으로 조언하는 것을 좋아한다,
자유를 갈망하며, 갈등과 다툼을 싫어하는 평화주의 자이다,

금성(친구)의 2. 과학적 접근과 심리적 연관성

과학적 용어		심리적 의미	
기울기	177.3도	자기기준	거꾸로 거꾸로
자전주기	하루243일	자아중심 시간	하루가 가기전에 한해가 먼저 시작
공전주기	일년 224일	관계중심 시간	하루를 일년같이 일년을 하루 같이
핵	액체금속 핵 속에 고체금속 핵	속마음	부드러운 겉 마음 포장지 감춰진 단단한 속마음 있다!!

지구

지 구 와 만 남 전 필 수 정 보 입 력 사 항 !

지구(경영인) "첫 번째 룰, 절대 돈을 잃지 마라, 두 번째 룰, 첫 번째 룰을 잊지 마라"
-워렌 버핏-

지구: 성공전략, 효율성, 프로를 중요시 하는 유형

마음: 모두 일 시키려는 마음

행동: 사랑은 Business

지구 (경영인) 1.특징

1) 표현

경쟁사회에서 남을 보다 보다 더 빠른 성공을 하기 위해서
"능력을 갖춰야해", "비젼을 가져야해", "시간을 효율적으로", "시간관리", "계획적으로", "자기개발", "무에서 유를 창조하는 기획력", "일이 있어야해", "바쁘다 바빠", "투자한 만큼은 ..", "뭐 먹고 살래", " 돈 돈 돈"

지구 (경영인)

2) 마음가짐

성공한 사랑을 주기 위해 내가 사랑하는 사람들을 모두 성공시켜주려는 기준으로 쉼없이 바쁜 삶을 살아갑니다.
일을 통해 자신의 존재를 확인 받고 싶어하고 모두 일 시키려는 마음가짐 덕분에 계산의 눈이 밝아 효율적으로 삶을 경영한다.

지구 (경영인)

3) 신념

성공하는 삶을 위해선 "돈 잘 벌어야해" 라는 신념으로 미래지향적인 성공전략을 세우고, 프로의식을 가지고 효율적으로, 능률적으로, 투자가치가 있는 곳에, 현실을 직시하고, 비젼을 세우고, 추진력, 경영, 발전을 위한 비즈니스에 대한 생각들이 항상 머릿속에 존재합니다.

지구(경영인)의 2. 과학적 접근과 심리적 연관성

과학적 용어		심리적 의미	
기울기	**23.4**	자기기준	현실적인 기준, 먹고 살기 위한 **기준!**
자전주기	24시간	자아중심 시간	72억이 나에게 붙어 살거든 24시간이 모자라
공전주기	365일	관계중심 시간	일년 내내 **돈** 떨어지지 않는 365코너
핵	액체 철-니켈 핵 속에 고체 철-니켈 핵	속마음	나에게 철만 있는 것은 아니라고 액체 같은 부드러운 마음 **있어!**

화성

화 성 과 만 남 전 필 수 정 보 입 력 사 항 !

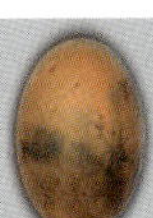

화성(치유자) "나에게 당신의 시선이 모든 비평가의 찬사보다 의미 있다"
-쇼팽-

화성: 진실된 감정을 중요시 하는 유형

마음: 모두와 다른 마음

행동: 사랑은 아파

화성 (치유자) 1.특징

1) 표현

"내가 누군지 말해줘요..", "내가 보이지 않나요?", " 아파요.. 죽을만큼", "난 너희와 달라",
"똑같은 취급하지 말아요", "이건.. 내 전부예요.", "오직 단 하나의 사랑뿐", "아무도 없어"
"어자피 혼자야.", "세상이 언제 내 편인적 있었어?"

화성 (치유자)

2) 마음가짐

모두와 다른 마음을 가졌기에 늘 특별한 존재이고 싶어한다.

아픔을 경험하고 난 후, 비로소 치유자가 된다.

마음의 눈을 가지고 있다.

상대방의 감정에 변화를 쉽게 알아채며 공감능력이 뛰어나다.

심리적 상처를 빠르게 감지한다.

화성 (치유자)

3) 신념

감정을 예술로 승화시키려는 신념으로 생각이 마음이 아름다움으로 향한다.

화성(치유자)의 2. 과학적 접근과 심리적 연관성

과학적 용어		심리적 의미	
기울기	11~45도 25도 기울기(어쩌다 한번)	자기기준	휘청 휘청 나도 힘들거든 쓰러질 것 같다고
자전주기	하루24시간	자아중심 시간	하루가 24시간 이라니!!!
공전주기	일년 686일	관계중심 시간	지구보다 2배는 안 늙어!!
핵	철핵	속마음	나 또한 날 때부터 **철** 들었지! 수성만큼은 아니지만 **믿거나 말거나**

목성

목 성 과 만 남 전 필 수 정 보 입 력 사 항 !

목성(연구자) "학습을 방해한 유일한 훼방꾼은 내가 받은 교육이다 "
-아인슈타인-

목성: 이론, 근거,정보,분석,타당성을 중요시 하는 유형

마음: 모두가 존재하지 않는 마음

행동: 탐구생활

목성 (학자) 1.특징

1) 표현

"나는 생각한다 고로 존재한다.", "그건 상식이지~ 그것도 몰라?",
" 대화해보자", " 근거가 뭐야", " 논리적으로 타당하게 설명해봐", "~책에 보면 ~이론이야", "~전문가의 의견이다" ,

"쟤는 관찰대상이다"
(이런 말을 들을때면 더 이상 생각하고 싶지않아요)

목성 (학자)

2) 마음가짐

마음에 어디에 존재하고 있는지 이론적 근거에 집중하여 관찰하기 시작합니다.
이론적 근거를 갖춘 자료가 있는 학술분야인 곳에서 사랑을 양자물리학적으로 분석한다.
그래서 수집한 정보를 이론화하여 뇌의 해마에 저장하려는 마음으로 관심분야에 더 집중하여 파고든다.
.

목성 (학자)

3) 신념

"다 알아야해" 라는 신념으로 전문, 자료, 근원, 기원, 논리, 이론, 관찰, 분석, 견해, 생각, 통찰, 가치, 체계, 이성, 판단 ,학술, 연구, 실험, 평가, 근거, 지식, 자격, 발표, 핵심, 사색, 객관적, 합리적, 타당성에 대한 생각들이 항상 머릿속에 존재합니다.

목성(학자)의 2. 과학적 접근과 심리적 연관성

과학적 용어		심리적 의미	
기울기	3도	자기기준	이 크기에 완벽하지!!! 수성은 나에게 점 이야! 점은 파 야해
자전주기	하루 9.9시간	자아중심 시간	시간이 필요하다 구! 생각할 시간도 쪼개 써야 한다고
공전주기	일년 11년	관계중심 시간	나 야 말로 동안이라고~ 하루는 부족하지만 1년은 길지!
핵	암석 핵!	속마음	마음 찾아봐 어디 있을 거야 아주 조그맣게

토성

토 성 과 만 남 전 필 수 정 보 입 력 사 항 !

토성(검사님) "이 세상에서 내가 인정하는 유일한 독재자는 내 안에 깃든,아주 작은 목소리 "
-간디-

토성: 사례, 신뢰도,안전을 중요시 하는 유형

마음: 모두 다 물어보려는 마음

행동: 궁금해

토성 (검사) 1.특징

1) 표현

안정적이고 확실한 삶을 살기 위해 "저기요..", "혹시요..", "어떻게 해요...", "잘 못해요." "궁금해요", "생각 좀 더 해보고요", "아니예요", "잘 모르겠어요", "....알겠어요.."

(이런 말을 들을 때면 답답하죠)

토성 (검사)

2) 마음가짐

안정성을 추구하고 확실하게 책임을 다합니다.
알고지낸 사람에게 궁금함이 가득하고, 의문이 많습니다.
조직생활 적응을 위해 신중하고 세심하게 알아보고 준비하고 검토합니다.
마음의 결정을 하기까지 다방면에서 생각합니다.

지구 마음 건강 진단 표

인품	내면으로 에너지가 향해 있으며. 따뜻함
인격	적응을 잘하며 주위로부터 존경 받음
성격	목표 지향적이며 자기 발전을 위해 노력함
성질	성공 지향적이며 성공을 위해 열심히 앞만 보고 달림
성깔	이미지를 중시하며 때로는 편법을 쓰기도 함
꼬라지	스스로를 알리기 위해 자신을 내 세움
환자	성취와 성공을 위해서라면 원칙과 규칙과 법도 없어짐
중 환자	진실성이 없으며 기회주의적임
중증환자	극도의 불안감 (공포증)으로 인해 냉정하고 차가워짐

화성 마음 건강 진단 표

인품	삶을 있는 그대로 받아드리고 발전시킴
인격	내향적이며 치유자의 에너지가 발생됨
성격	사람들과 어울리며 창조적임
성질	낭만파~~~ 개인주의적임
성깔	자신만의 세계에 빠져 있으며 감정기복이 심해짐
꼬라지	자기학대,자아비판,자아비난,스스로를 아프게 함
환자	우울한 감정에 사로잡히며 사람들을 만나지 않음
중 환자	스스로를 거부하며 심한 우울증 증상을 보이기도 함 (집밖으로 나가지 않음)
중증환자	절망적인 감정에 사로 잡혀 삶을 거부함.....

해왕성이여

이렇게 살기 위해 투자 하라!

평화와 정의를 위함

본질과 목적

부정을 긍정으로 바꿀 수 있다면!

해왕성 의 눈 =
강한 눈 빛

세상이여!!!
나를 중심으로
돌아라~~

내 말 들어!
시키는 대로해!

당신의 단점을 최대한 장점으로 성장시키라!

천왕성 (예능인)

2) 마음가짐

"연예인의 사랑은 팬들을 향해 움직이는 거야"라는 마음가짐을 갖고 있다. 트렌드를 잘 알고 있으며, 자기 스타일대로 다재다능한 성격으로 늘 신나는 놀이문화를 만들어냅니다.
자기가 좋아하는 일과 자기가 좋아하는 사람을 만날 때에는 밤낮없이 푹 빠집니다.

천왕성 (예능인)

3) 신념

어디에 있든 무엇을 하든 누구랑 있든 즐겁게 분위기를 띄워야 된다는 신념으로 더 신나게, 더 즐겁게, 더 놀라운, 더 새로운 것, 볼거리, 먹거리, 놀거리 등에 대한 생각이 항상 머릿속에 존재합니다.

천왕성(예능인)의 2. 과학적 접근과 심리적 연관성

과학적 용어		심리적 의미	
기울기	97도	자기기준	데굴데굴. 이게 정상 이라구
자전주기	하루17시간	자아중심 시간	놀 시간시간이 모자라
공전주기	일년 84년	관계중심 시간	인생은 84살 부터! 그 전엔 노세 노세 젊어서 노세
핵	암석(얼음) 핵!	속마음	내 마음 벗겨봐 얼음 있다 나에게 인정 따위 바라지마

해왕성

해 왕 성 과 만 남 전 필 수 정 보 입 력 사 항 !

해왕성(리더) "나는 내게 거추장스러운 것은 깡그리 쓸어버렸다"
-칭기스칸-

해왕성: 힘, 서열, 의리를 중요시 하는 유형

마음: 모두를 다스리려는 마음

행동: 내가 한다

천왕성이여

이렇게 살기 위해 투자 하라!

행복과 즐거움을
위함

부정을 긍정으로 바꿀 수 있다면!

천왕성 의 눈 =호기심
(개구쟁이,장난꾸러기)

뭐 신나는 일 없을 까???

또 어디를 가려고?
심 심 하 다고 요 ~~~!!!!

당신의 단점을 최대한 장점으로 성장시키라!

화성이여

이렇게 살기 위해 투자 하라!

부정을 긍정으로 바꿀 수 있다면!

화성 의 눈 =
마음을 들여다
보는 눈

사람들은 ...
날 .. 아프게 해

세상이 나를..
아프게 해....

당신의 단점을 최대한 장점으로 성장시키라!

NO 2.

생각을 읽어라

행성별 생각유형

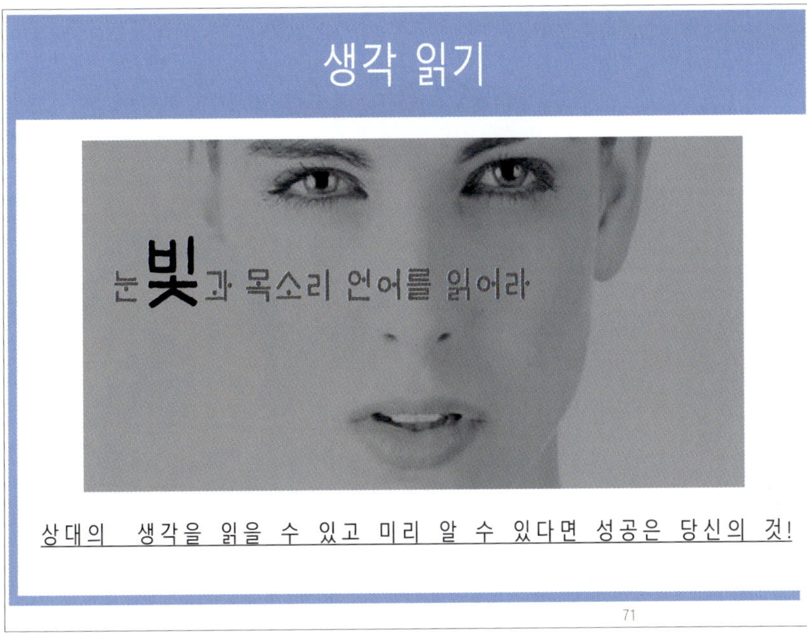
생각 읽기
눈빛과 목소리 언어를 읽어라
상대의 생각을 읽을 수 있고 미리 알 수 있다면 성공은 당신의 것!
71

토 론 방
Discipline
Sharing
Power
Money
Love
Entertain-
ment
Home
Theory
수성
금성
지구
화성
목성
토성
천왕성
해왕성
지금
무슨 생각해?

목성과 친해지기 쉬운 언어/행동	목성과 멀어지기 쉬운 언어/행동
합리적으로, 전문적인	시끌벅적 사교모임이나 행사장
학술자료, 책, 문헌을 참고해서...	힘 자랑(주먹자랑)하는 것, 힘겨루기,
박사님의 견해에~	큰소리 침, 우기기
아는 정보가 많네요	빨리 먹는 시합 , 먹기 대결
알려주신 내용이 큰 도움이 되었어요 다음에 더 알려주세요	사생활 침해 당하는 것
~의견을 듣고 싶어요 자문을 구합니다	예고 없는 돌발행동, 돌발적인 상황

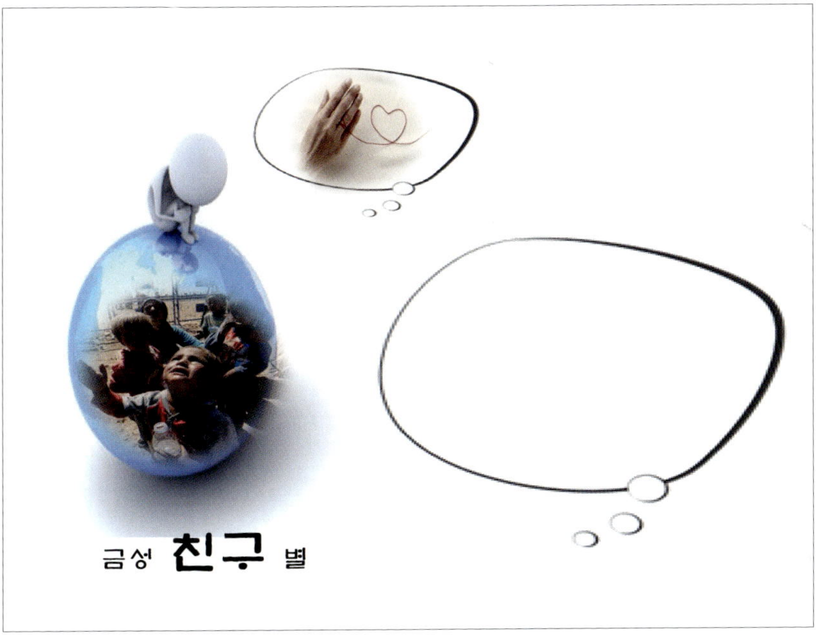

금성과 친해지기 쉬운 언어/행동	금성과 멀어지기 쉬운 언어/행동
고마워요.어려운 사람끼리도 서로 나누고 도와주고 챙겨주고 함께 사는 거지요	필요 없어요
친절하시네요	가져가세요
착한 것 같아요. 착해요	자신부터 챙기세요
따뜻하고 인정 많은 분	나부터 살고 봐야지요
콩 한쪽도 나눌 줄 아는 분	외면
친하게 지내요 우리	대꾸가 없는

목 성 (교 수 님 별)

전 문	자 료
근 원	기 원
논 리	이 론
관 찰	분 석
견 해	생 각
통 찰	가 치
체 계	이 성
판 단	학 술
연 구	실 험
평 가	근 거
지 식	자 격
발 표	핵 심
사 색	객관적
합리적	타 당

목성의 생각

잘 연구 해야 해

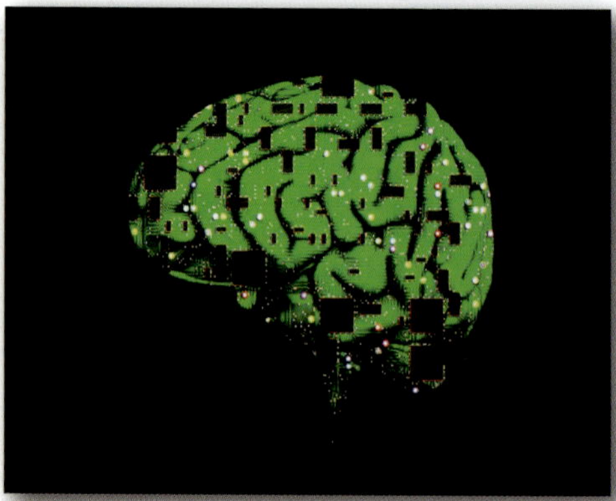

토성 (검사님 별)

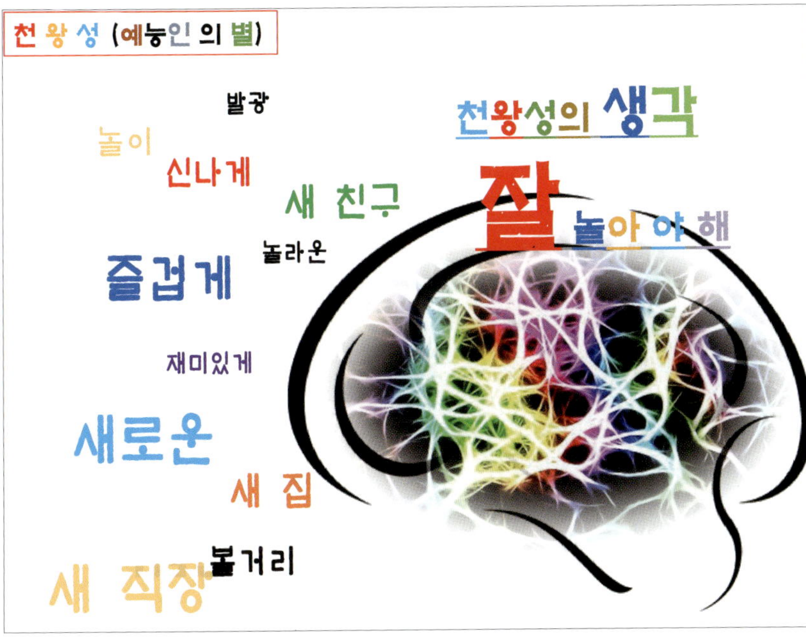
천 왕 성 (예능인 의 별)
발광
놀이
신나게
새 친구
놀라운
즐겁게
재미있게
새로운
새 집
새 직장
볼거리
천왕성의 생각
잘 놀아야 해

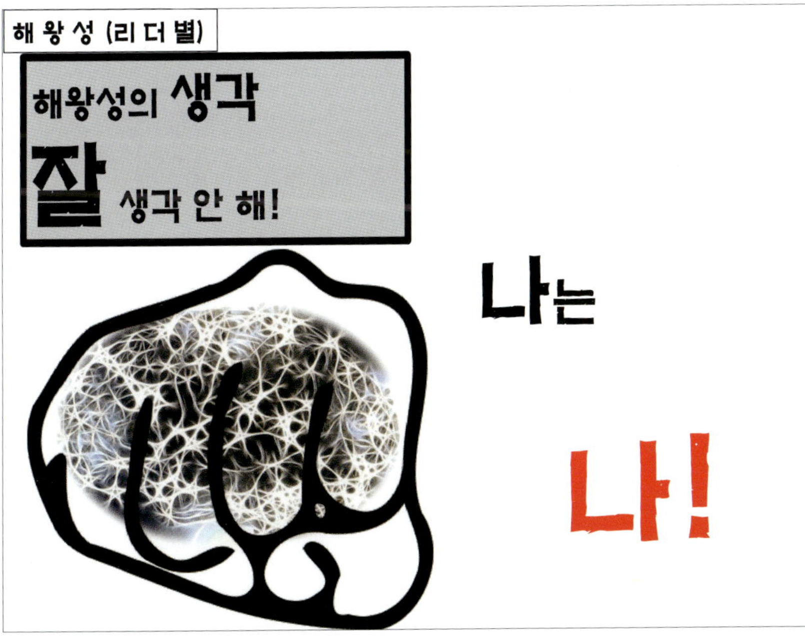
해 왕 성 (리 더 별)
해왕성의 생각
잘 생각 안 해!
나는
나!

수성과 친해지기 쉬운 언어/행동	수성과 멀어지기 쉬운 언어/행동
성실한, 예의 바른, ~답게 가르침을 주신다면	규칙 없는, 원칙에서 벗어난
지도 편달 바랍니다	반말, 딴짓 (딴청 부리기)
존댓말 (존칭 사용)	말 끼어들기
솔선수범	예의 없는,
깔끔하고 단정한 옷차림	현란한 옷차림
가정교육	버릇없는, 대답 안 하는

목성 마음 건강 진단 표

인품	비전을 가지고 적극적으로 열정적으로 참여하고 행동함
인격	관찰을 잘하며 수용적임
성격	혁신적임
성질	개념화를 잘 시키며 준비성이 있음
성깔	초연하고 (삶과 죽음을 초월한 듯)집중력이 있음
꼬라지	극단적이며 도발적임
환자	허무적이며 괴팍함
중 환자	겁에 질리며 일시적인 정신착란 을 일으킴
중증환자	정신을 놓아 스스로 고통을 회피,정신분열,스스로를 파멸

토성 마음 건강 진단 표

인품	스스로 에게 의존하며 용기가 있음
인격	타인을 편안하게 해주며 믿을 수 있음
성격	헌신적 이며 협동적임
성질	의무를 잘 이행하며 충실함
성깔	야심을 드러내며 반항적임
꼬라지	권위적인 행동을 하며 다른 사람을 비난함
환자	몹시 불안해 하며 신뢰할 수가 없음
중 환자	편집병적이며 공격성향이 나타남
중증환자	자기를 파괴시키며 스스로의 인격을 실추시킴

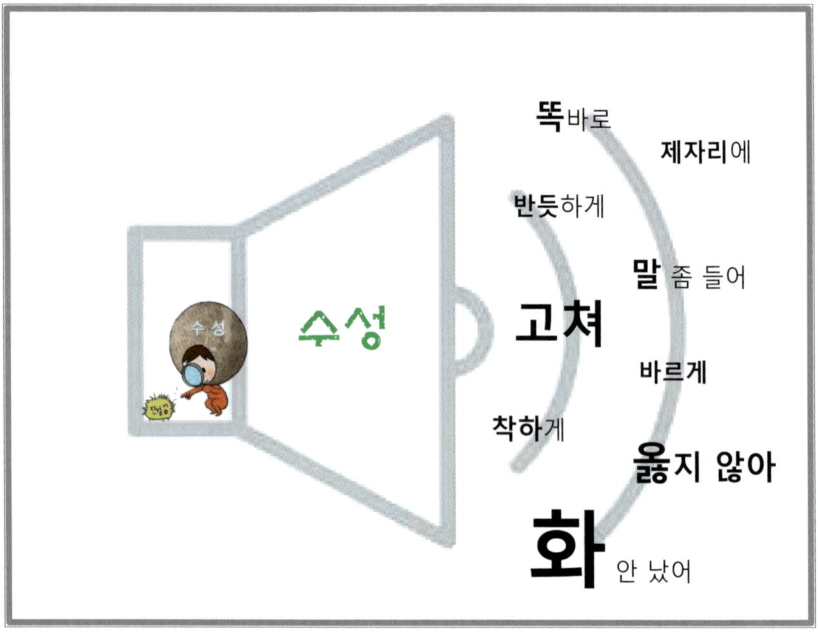
수성
수성
똑바로
제자리에
반듯하게
말 좀 들어
고쳐
바르게
착하게
옳지 않아
화 안 났어

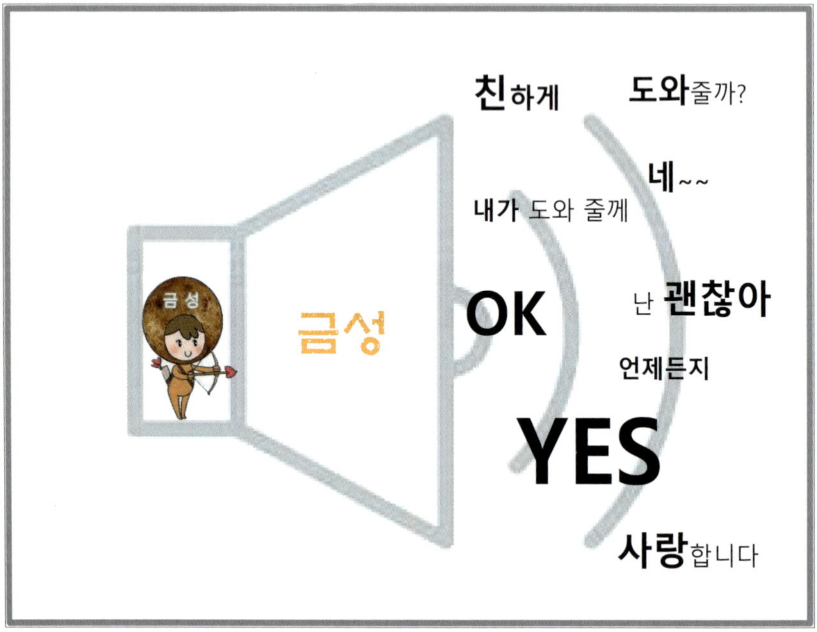
금성
금성
친하게
도와줄까?
네~~
내가 도와 줄께
OK
난 괜찮아
언제든지
YES
사랑합니다

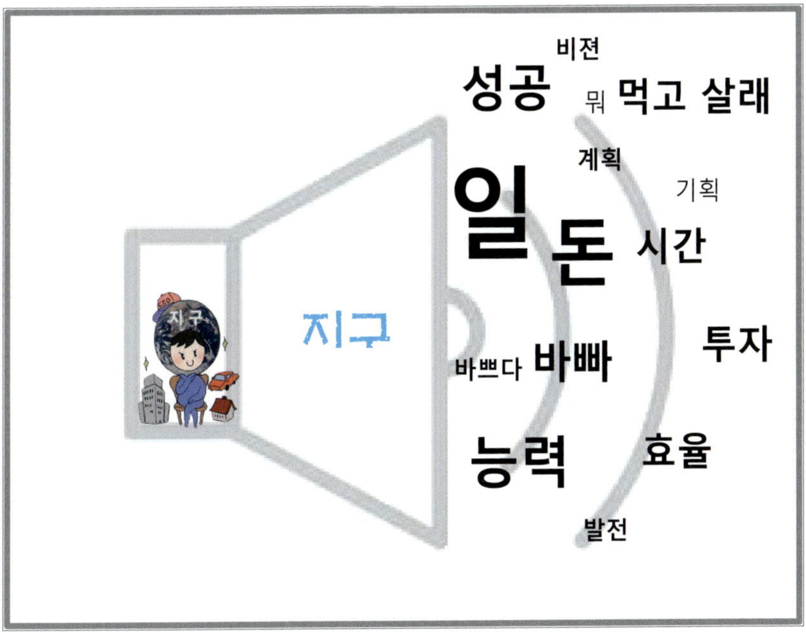
비젼
성공
뭐 먹고 살래
계획
기획
일
돈
시간
지구
투자
바쁘다
바빠
능력
효율
발전

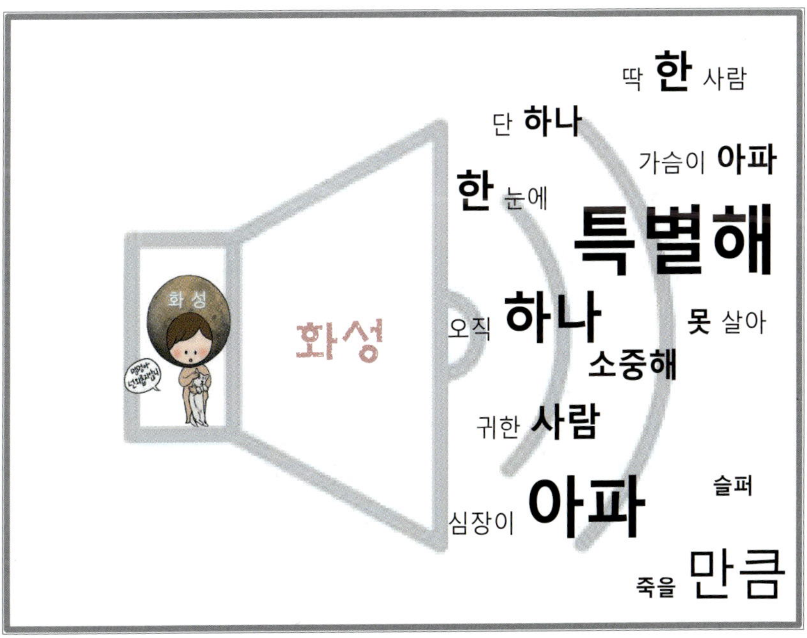
딱 한 사람
단 하나
가슴이 아파
한 눈에
특별해
화성
오직 하나
못 살아
소중해
귀한 사람
슬퍼
심장이 아파
죽을 만큼

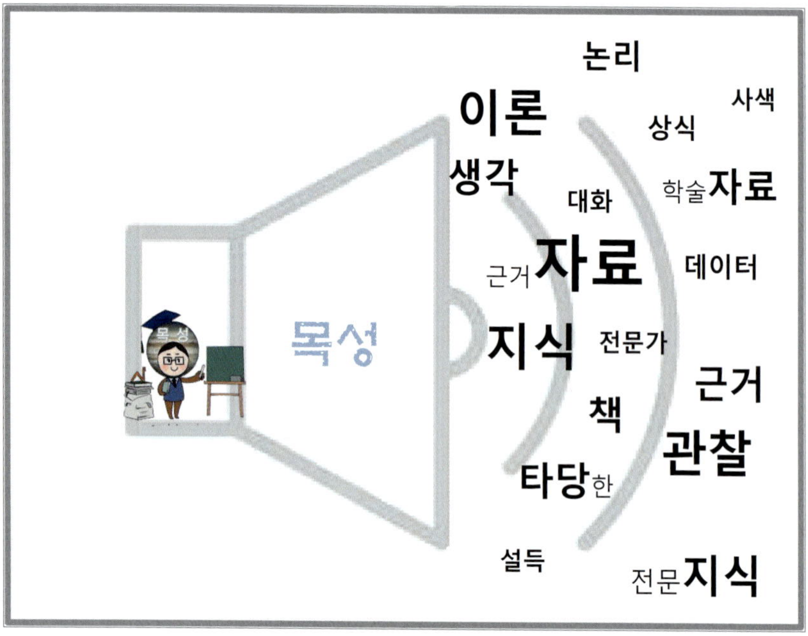
목성
논리
이론
사색
상식
생각
대화
학술자료
근거자료
데이터
지식
전문가
근거
책
관찰
타당한
설득
전문지식

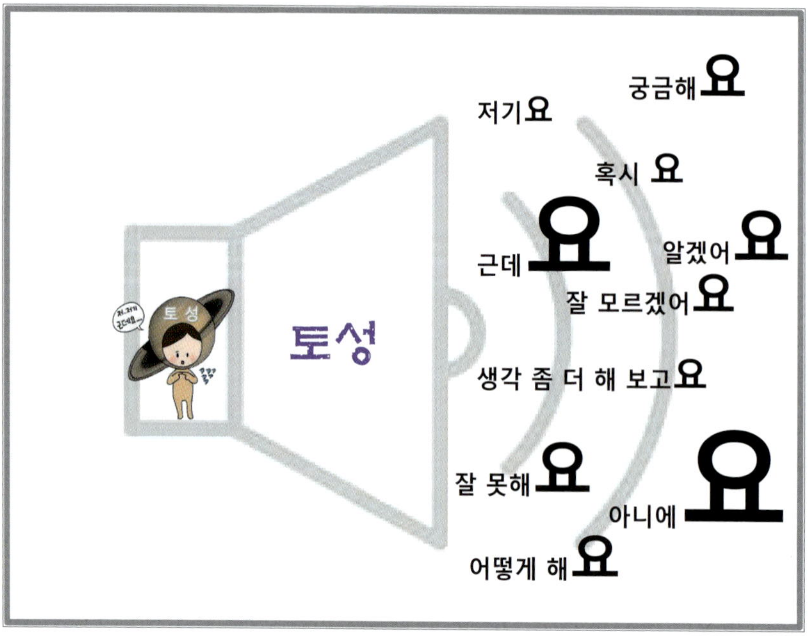
토성
궁금해요
저기요
혹시 요
근데요
알겠어요
잘 모르겠어요
생각 좀 더 해 보고요
잘 못해요
아니에요
어떻게 해요

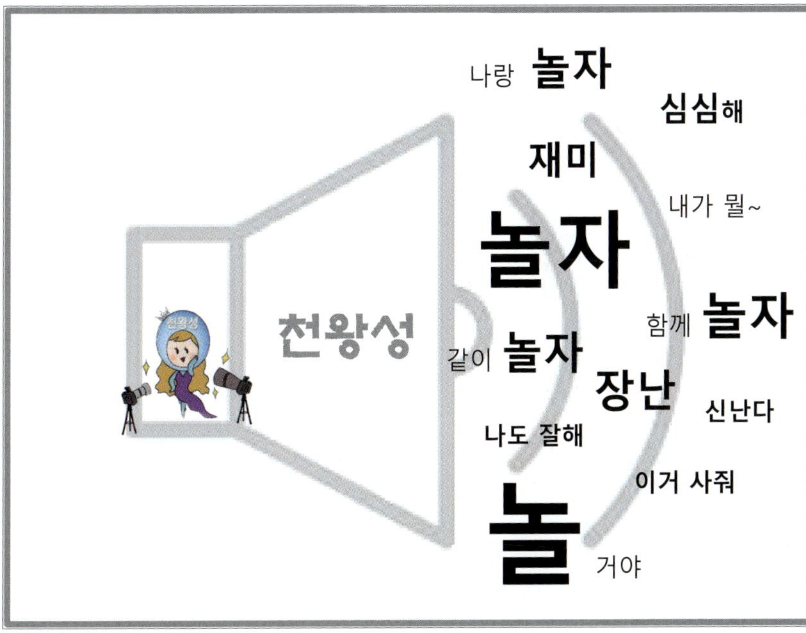
천왕성
천왕성
나랑 놀자
심심해
재미
내가 뭘~
놀자
함께 놀자
같이 놀자
장난
신난다
나도 잘해
이거 사줘
놀
거야

해왕성
해왕성
내가 시키는 대로
당장
나는
넌 내 꺼
내가 하라는 대로
빨리 빨리
내가 한다
확
욱
내가 말하는 대로
내가 지켜 줄께
내 말 들어

NO 4.
오해와 이해
공감 비즈니스

수성의 강점	수성에 대한 오해와 편견
도덕적이다 ,정직하다	자신의 기준으로 타인을 판단한다
이상주의 적이다, 생산적이다	융통성이 없는 편이다
양심적이다, 공정하다	걱정이 많다
객관적이다, 자기통제 절제를 잘한다	논쟁을 좋아 한다 ,심지어 즐긴다
타인에게 도움이 되려 노력한다	작은 일도 그냥 넘기지 않는다
신뢰 할 수 있다	필요 이상으로 심각하다

수성의 자아 이미지	완벽,올곧음,착함,객관적,기준,법,질서,예의,도덕,근면,검소
방어(회피)	분노를 인정하지 않는다(나는 화나지 않았다고!!),분노를 다른 식으로 표현 (예)지적
근원적 고통 (벗어날 수 있다면 자유)	억압된 분노(홧 병) 자신과 타인을 인정하지 못함(나 따라 해요!!)
회피 (난 이런 사람 아니라고!!)	분노,공격적 성향, 한계를 인정 하는 것, 내 탓이로소이다,자신의 욕구와 감정
집착 (보내고 싶지 않아)	완벽함,높은 기준,세부사항 (숨막혀 죽어도 좋아)
욕망 (왜곡) 욕심이 아니야	완전함(비판적 사고)
두려움 (무서워 공포야)	사악함,부도덕함,단점이 드러나는 것 (화나도 웃어야 해!! 나는 수성이니까)
본질	올곧음 **선함,정직,바름**(누구의 기준???)

금성의 강점	금성에 대한 오해와 편견
사랑스럽고,친근감이 있다	지나치게 타인중심적 이다
따뜻하다	지나친 감정표현 (지나친 칭찬)
적응을 잘한다	사랑과 인정으로 타인을 통제 하려 한다
관대하고 열정적이다	사람에 대한 소유욕이 강하다 (인간 욕심)
감사를 표현할 줄 안다	불 성실 하다
세심한 배려와 친절이 몸에 배어 있다	성직자처럼 행동하며 정직하지 못하고 신경질적 이다

금성의 자아 이미지	도움이 되고,타인에게 무언가 줄 수 있는 사람이고 나는 꼭 필요한 사람이다
방어(회피)	부정적인 것이 난처함 ,나는야 부드러운 사람 (저는요~ 아니요!안돼요! 못해요! 라는 단어가 생각이 안나요^^)
근원적 고통 (벗어날 수 있다면 자유)	교만 (무엇이든 다 들어줄 수 있단다) 신의 경지
회피 (난 이런 사람 아니라고!!)	자신의 욕구,타인의 도움 받는 것, 희생과 헌신을 했으면 감사하다고 덕분이다 고 말은 해야지!
집착 (보내고 싶지 않아)	주는 것 . 도와 줘야 해!! 끝까지 도와 줘야 해
욕망 (왜곡) 욕심이 아니야	사랑 받는 것 사랑과 인정을 받을 수만 있다면 **죽어도 좋아**(죽어도 오라이)
두려움 (무서워 공포야)	나는 사랑 받을 가치(자격)가 없어 (사람들이 내 사랑과 도움이 귀찮다고)
본질	사랑,사랑 받고 주기 위해 태어난 사람

지구의 강점	지구에 대한 오해와 편견
에너지가 넘친다	자기중심적 이다 (중력 작용)
효율적 이다	이기적이다
긍정적 이다 ,해결능력이 있기 때문	경쟁심이 지나치다
근면하고 실질적이다	자기방어적 이다
스스로 잘 한다, 책임감이 강하다	일 중독자 이다
통솔력이 있으며 유능하다	기회주의적 이다

지구의 자아 이미지	성공한 사람,능력 있는 사람, 효율적인 사람 ,바로 **나**
방어(회피)	동일시(외적인 성취와 자신을 동일시함) 무엇이 무엇이 똑같은가... 성공과 나 자신의 가치가 똑같아요
근원적 고통 (벗어날 수 있다면 자유)	거짓,기만, 나는 늘 쉬고 싶다고 **거짓말**을 하지 .. 알코올 중독 보다 더 무서운 **일** 중독 ,노력은 성공의 어무니~
회피 (난 이런 사람 아니라고!!)	실패(일의 실패는 곧 인생이 실패한 것) 휴식 노는 것 쉬는 것 일처럼 열심히
집착 (보내고 싶지 않아)	외적인 가치 이익 (성공이 곧 선이고 진실이야!!)
욕망 (왜곡) 욕심이 아니야	가치 있는 **삶** 이란? 곧 성공이지!!
두려움 (무서워 공포야)	타고난 능력과 재능이 없는 것 무능하다는 말은 나에게 저주야!
본질	효율성 (성공한 능력자),경영의 **신**

화성의 강점	화성에 대한 오해와 편견
독립적.수용적	변덕스럽다, 감정기복 심함
표현력이 뛰어나다	사람들과 떨어지려고 한다 물과,기름
창조,창의력이 뛰어나다	샘이 많다 ,지나친 관심을 요구
따뜻하며 희생정신이 강하다	쉽게 상처받으며 고상한 척 한다
섬세하고 부드럽다	우울의 바다
세련된 감각을 가졌으며 재치 있다	자기비하가 심하며 자신만의 세계에서 산다

화성의 자아 이미지	난 달라! 특별한 무언가가 있지! 독창적 ,창의적
방어(회피)	감정의 승화 마음을 들여다보는 눈 (눈이 **3**개) ,내면의 분위기 안에 머무름
근원적 고통 (벗어날 수 있다면 자유)	선망,현재에 불만족 내가 이세상에서 제일 슬퍼.. **슬픔의 왕!**
회피 (난 이런 사람 아니라고!!)	모든 평범한 것을 회피 (평범한 것은 나에게 사치야!)
집착 (보내고 싶지 않아)	특별히 깊고 어두운 감정,삶과 죽음,고독,이별, 내 속에 내가 너무나 **많아**
욕망 (왜곡) 욕심이 아니야	날 사랑해 아름다움
두려움 (무서워 공포야)	난 누구야? (중요한 존재X) 너 **필요 없어** 라는 말은 절대로 하지 말아요
본질	**특별함,아름다움**

목성의 강점	목성에 대한 오해와 편견
객관적이며,집중력이 뛰어남	자기중심적 이다
현명하며 친절하다	논쟁을 좋아하며 까칠함
편견이 없고 수용적이다	날카롭고 타인에게 비판적 이다
진실하며 이성적이다	부정적이며 내성적 이다
관찰을 좋아하며 호기심이 많다	고집이 세고 타인을 판단한다
통찰력이 있다	인간들을 멀리한다

목성의 자아 이미지	머리 속에 아는 것이 많다 ,현명함 논리,이론,통찰력 있다
방어(회피)	후퇴(멀찌감치 떨어져서 본다) 감정에서도 멀리 멀리
근원적 고통 (벗어날 수 있다면 자유)	**탐욕**(지적 탐욕) 머리에 가득가득가득가득
회피 (난 이런 사람 아니라고!!)	공허함,감정적인 것 마음 이라는 것 정말 연구대상이야
집착 (보내고 싶지 않아)	**지식.아는 것이 힘** 현실참여는 안하고 판단만!!
욕망 (왜곡) 욕심이 아니야	유식.유능 쓸모 없는 것도 전문화
두려움 (무서워 공포야)	쓸모 없고 **무식한 것**
본질	**진리,지혜,지식**

토성의 강점	토성에 대한 오해와 편견
호기심이 많고 충실하다	두려움이 많다
타인을 잘 보살펴준다	지나치게 조심스럽다
인정이 많고 재치가 있다	의심이 많고 타인을 통제 하려 한다
실질적이며 책임감이 강하다	신경질적이며 방어적 이다
정직하다	완고하며 냉소적 이다
신용이 있다	잔인하다

토성의 자아 이미지	책임감이 강하고 믿음직하며 헌신적이다 주어진 일에 최선을 다한다 (주어진 일만 한다구!!)
방어(회피)	투사(you! 무슨 생각하는지 다 알아) 나를 두렵게 하는 것은 누구의 탓일까요? 남의 탓(책임전가)
근원적 고통 (벗어날 수 있다면 자유)	공포,두려움,자신이 인정하는 권위만 인정, 강한 척 강한 **척** 강한 **척** 강한 척 강한 척
회피 (난 이런 사람 아니라고!!)	일탈,불 확실한 것
집착 (보내고 싶지 않아)	안전하고 확실한 것 ,전통적이며 보수적인 것 책임과 의무
욕망 (왜곡) 욕심이 아니야	안전 확신에 대한 집착 집착 집착 집착 **집착** 집착
두려움 (무서워 공포야)	**도움** 받지 못하는 것 **안내** 받지 못하는 것
본질	**믿음(신뢰)**

천왕성의 강점	천왕성에 대한 오해와 편견
열정적이며 에너지가 넘친다	자기중심적 이다
쾌활하다	충동적이며 반항적 이다
재미있는 것 을 좋아한다	들떠있고 불안하다
자발적이며 상상력이 풍부하다	의심이 많고 산만하다
매력적이며 너그럽다	침착하지 못하고 신뢰하기 힘들다
주변사람들을 즐겁게 해준다	자기파괴적 이다

천왕성의 자아 이미지	나는 행복하고 멋진 사람 행복 바이러스
방어(회피)	합리화자신의 실패를 직면하지 않고 객관적,논리적으로 나도 **생각중심** 형이라고!
근원적 고통 (벗어날 수 있다면 자유)	무절제 폭식 **죄책감X**
회피 (난 이런 사람 아니라고!!)	고통,인생의 슬픔,어려움,갈등,과장된 육체적 정신적 공포
집착 (보내고 싶지 않아)	쾌락과 재미 ,부풀린 긍정주의,낙천주의 **자아도취**
욕망 (왜곡) 욕심이 아니야	행복 **광** 적인 행복
두려움 (무서워 공포야)	**즐거움을** 박탈 **당하는 것/고통**
본질	**즐거움,행복,재미**

해왕성의 강점	해왕성에 대한 오해와 편견
자신감 있고 힘이 넘친다	자기중심적 이다
진실하며 결단력 있다	남을 배려할 줄 모른다
직선적이다	타인을 지배 하려 하며 공격적 이다
타인을 잘 보살펴주며 너그럽다	요구하는 것 이 많고 투쟁적 이다
용감하다	소유욕이 강하다
의리가 있다	타협할 줄 모른다

해왕성의 자아 이미지	나는 나,힘,의리
방어(회피)	자신의 약점과 힘의 한계 **나약함 따위는 존재하지 않아**
근원적 고통 (벗어날 수 있다면 자유)	뻔.뻔.뻔.뻔.뻔 해짐
회피 (난 이런 사람 아니라고!!)	허약함,겁내는 것,온순함,속박당함,부드러움 **겁나 귀여움**
집착 (보내고 싶지 않아)	**힘**(자신의 의지).**통제하고 지배 하는 것**
욕망 (왜곡) 욕심이 아니야	자기보호 (끊임없는 싸움)
두려움 (무서워 공포야)	**해를 입거나 통제 당하는 것** 지시,명령
본질	힘,에너지,열정

NO 5.

마음투자

마음투자, 자신과의 협상 출발점

수성이여

이렇게 살기 위해 투자 하라!

바르고 정직한
세상을 위함

부정을 긍정으로 바꿀 수 있다면!

수성의 눈 = 돋보기

단점을 보는 눈

구속,억압, 통제

당신의 단점을 최대한 장점으로 성장시키라!

금성이여

이렇게 살기 위해 투자 하라!

사랑을 전하기 위함

부정을 긍정으로 바꿀 수 있다면!

금성의 눈 = 사랑해요

당신에게 꼭 필요한
사람이 나에요

나는 이세상의
희생양....TT

당신의 단점을 최대한 장점으로 성장시키라!

지구여

이렇게 살기 위해 투자 하라!

부정을 긍정으로 바꿀 수 있다면!

지구의 눈 = 경영인

일하지 않는 자
먹지도 말아라!

사람은 떠나도 ....

당신의 단점을 최대한 장점으로 성장시키라!

화성이여

이렇게 살기 위해 투자 하라!

부정을 긍정으로 바꿀 수 있다면!

화성 의 눈 =
마음을 들여다
보는 눈

사람들은 ...
날 .. 아프게 해

세상이 나를..
아프게 해....

당신의 단점을 최대한 장점으로 성장시키라!

목성이여

이렇게 살기 위해 투자 하라!

참 이치, 진리를
깨닫기 위함

부정을 긍정으로 바꿀 수 있다면!

목성의 눈 =
관찰하고 통찰하는
집중력의 눈

난 알아요 !!!
아는 게 힘이야!!

지적 소유욕
난 다 알아

당신의 단점을 최대한 장점으로 성장시키라!

토성이여

이렇게 살기 위해 투자 하라!

믿음과 신뢰를
찾기위함

부정을 긍정으로 바꿀 수 있다면!

토성의 눈 =
궁금하고 불안한 눈

내가 잘 한 걸까?
정말 잘 한 걸까?
진짜 잘 한 걸까?
? ? ? ? ? ? ?

내 잘못이 아니야!!!
누가 좀 !!
도와 줘 요 !!!

당신의 단점을 최대한 장점으로 성장시키라!

천왕성이여

이렇게 살기 위해 투자 하라!

행복과 즐거움을
위함

부 정 을 긍 정 으 로 바 꿀 수 있 다 면 !

천왕성 의 눈 =호기심
(개구쟁이,장난꾸러기)

뭐 신나는 일 없을 까???

또 어디를 가려고?
심 심 하 다고 요 ~~~!!!!

당 신 의 단 점 을 최 대 한 장 점 으 로 성 장 시 키 라 !

해왕성이여

이렇게 살기 위해 투자 하라!

평화와 정의를 위함

부 정 을 긍 정 으 로 바 꿀 수 있 다 면 !

해왕성 의 눈 =
강한 눈 빛

세상이여!!!
나를 중심으로
돌아라~~

내 말 들어!
시키는 대로해!

당 신 의 단 점 을 최 대 한 장 점 으 로 성 장 시 키 라 !

NO 6.

건강 Check

마음 건강 진단표

수성 마음 건강 진단 표

인품	수용과,허용,현명함
인격	객관적으로 평가하고 이성적임
성격	자신과 타인에게 공정하게,원칙과 규칙을 적용함
성질	의무감,책임감에 열심히 일하고 늘..늘..늘.. 노력함(수성 **법** 시작됨)
성깔	스스로를 통제하며. 지나치게 정리 정돈함
꼬라지	자신의 기준으로 타인을 판단하고 ,비판적 사고가 나타남
환자	타인의 말을 듣지 않으며 독선적이고 융통성이 없음
중 환자	강박 증상 나타나며, 구속 억압 통제 가 심해짐(자신과 타인에게)
중증환자	타인을 자신의 기준으로 비난 비판하고 징계함 (죄인 취급함)

금성 마음 건강 진단 표

인품	조건 없는 사랑
인격	감정 공감능력이 뛰어나며 타인을 편안하게 해줌 (지나친 사랑은 불편해요!!)
성격	타인을 잘 보살펴 주며 도와 주는 것을 좋아함
성질	착한 의도로 사람들을 즐겁게 해줌 (착한 아이 랍니다)
성깔	사람에 대한 소유욕이 강해지며 남의 일에 지나치게 참견함(친하지 않는 사람까지)
꼬라지	자만심이 강함 ,의인 병 걸림, 주위 사람들이 금성을 이용함 금성은 이용당함
환자	자신을 정당화 시키며 다른 사람들을 조작함 (금성이 해왕성이 됨)
중 환자	자격을 부여함 ,(선 한자와 악 한자를 나눔) **신**의 경지
중증환자	희생되었다 는 생각으로 무거운 짐을 지고 살아감 ..**도를 닦으러 감**

지구 마음 건강 진단 표

인품	내면으로 에너지가 향해 있으며. 따뜻함
인격	적응을 잘하며 주위로부터 존경 받음
성격	목표 지향적이며 자기 발전을 위해 노력함
성질	성공 지향적이며 성공을 위해 열심히 앞만 보고 달림
성깔	이미지를 중시하며 때로는 편법을 쓰기도 함
꼬라지	스스로를 알리기 위해 자신을 내 세움
환자	성취와 성공을 위해서라면 원칙과 규칙과 법도 없어짐
중 환자	진실성이 없으며 기회주의적임
중증환자	극도의 불안감 (공포증)으로 인해 냉정하고 차가워짐

화성 마음 건강 진단 표

인품	삶을 있는 그대로 받아드리고 발전시킴
인격	내향적이며 치유자의 에너지가 발생됨
성격	사람들과 어울리며 창조적임
성질	낭만파~~~ 개인주의적임
성깔	자신만의 세계에 빠져 있으며 감정기복이 심해짐
꼬라지	자기학대,자아비판,자아비난,스스로를 아프게 함
환자	우울한 감정에 사로잡히며 사람들을 만나지 않음
중 환자	스스로를 거부하며 심한 우울증 증상을 보이기도 함 (집밖으로 나가지 않음)
중증환자	절망적인 감정에 사로 잡혀 삶을 거부함.....

목성 마음 건강 진단 표

인품	비전을 가지고 적극적으로 열정적으로 참여하고 행동함
인격	관찰을 잘하며 수용적임
성격	혁신적임
성질	개념화를 잘 시키며 준비성이 있음
성깔	초연하고 (삶과 죽음을 초월한 듯)집중력이 있음
꼬라지	극단적이며 도발적임
환자	허무적이며 괴팍함
중 환자	겁에 질리며 일시적인 정신착란 을 일으킴
중증환자	정신을 놓아 스스로 고통을 회피,정신분열,스스로를 파멸

토성 마음 건강 진단 표

인품	스스로 에게 의존하며 용기가 있음
인격	타인을 편안하게 해주며 믿을 수 있음
성격	헌신적 이며 협동적임
성질	의무를 잘 이행하며 충실함
성깔	야심을 드러내며 반항적임
꼬라지	권위적인 행동을 하며 다른 사람을 비난함
환자	몹시 불안해 하며 신뢰할 수가 없음
중 환자	편집병적이며 공격성향이 나타남
중증환자	자기를 파괴시키며 스스로의 인격을 실추시킴

천왕성 마음 건강 진단 표

인품	만족과 충분/진정한 행복
인격	열정적이며 적극적임
성격	현실적이며 생산적임
성질	새로운 것을 쫓으며 소비지향적임 (**실증**이 **시작되고 있어~)**
성깔	매우 산만함,집중이 어려움
꼬라지	자기 중심적 이며 과도함 (배려할 마음 없어지고 있어~)
환자	탐욕스러우며 책임을 회피 (심심해,지루해,따분해)..재미를 찾아 GOGO
중 환자	조울증이 나타나며 **무모한 행동**을 함 (주위사람들이 뒷 감당을 함)
중증환자	극도의 공포에 압도 당하며 무기력해짐

해왕성 마음 건강 진단 표

인품	따뜻하고 너그러운 리더
인격	외유내**강** (독립적)
성격	늘 자신감이 있으며 리더 쉽 이 강함,**나를 따르라!!!**
성질	**진취적임,일을 추진함(일을 만들었네~~)**
성깔	자기미화를 시키며 타인을 지배함 **(자기 홍보 나팔!!)**
꼬라지	적대적이며 **겁** 을 줌
환자	**냉혹하며 두려운 존재가 됨(로케트 주먹)**
중 환자	과대망상적이며 위협적인 존재
중증환자	**파괴적임**

NO 7.

행성 별 협상 법

마음을 얻어라, 협상이 쉬워진다

수성과 친해지기 쉬운 언어/행동	수성과 멀어지기 쉬운 언어/행동
성실한, 예의 바른, ~답게 가르침을 주신다면	규칙 없는, 원칙에서 벗어난
지도 편달 바랍니다	반말, 딴짓 (딴청 부리기)
존댓말 (존칭 사용)	말 끼어들기
솔선수범	예의 없는,
깔끔하고 단정한 옷차림	현란한 옷차림
가정교육	버릇없는, 대답 안 하는

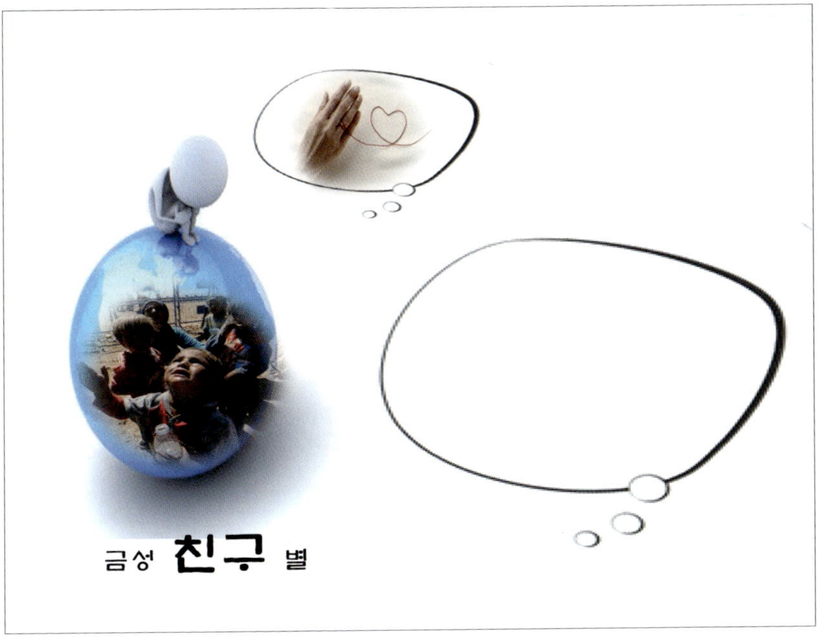

금성과 친해지기 쉬운 언어/행동	금성과 멀어지기 쉬운 언어/행동
고마워요.어려운 사람끼리도 서로 나누고 도와주고 챙겨주고 함께 사는 거지요	필요 없어요
친절하시네요	가져가세요
착한 것 같아요. 착해요	자신부터 챙기세요
따뜻하고 인정 많은 분	나부터 살고 봐야지요
콩 한쪽도 나눌 줄 아는 분	외면
친하게 지내요 우리	대꾸가 없는

지구와 친해지기 쉬운 언어/행동	지구와 멀어지기 쉬운 언어/행동
능력 있는, 실력 있는	빈둥빈둥(백수, 백조)
노력파이세요	직장이 없는, 일터가 없는
성실한	대충 해요
1분 1초도 헛되게 쓰지 않는	쉬엄쉬엄
바쁘게 사시네요	미루는
아끼고 아끼고 아끼고	낭비

화성과 친해지기 쉬운 언어/행동	화성과 멀어지기 쉬운 언어/행동
정말 어디에서도 보지 못한 특별한 귀한 것이네요.	살쪘다, 건강해 보인다
아름다워요, 우아해요	교양 없는 행동 말투
귀티나요, 명품이네요, 고급스러워요	볼품없다
함부로 다가갈 수 없어요	특별한 것도 없네
단 하나의 의미	아무것도 아니야
소중한 거야	너 따위가, 당신 따위가 (네가 뭐라고, 네가 나한테 뭔데)

목성과 친해지기 쉬운 언어/행동	목성과 멀어지기 쉬운 언어/행동
합리적으로, 전문적인	시끌벅적 사교모임이나 행사장
학술자료, 책, 문헌을 참고해서...	힘 자랑(주먹자랑)하는 것, 힘겨루기,
박사님의 견해에~	큰소리 침, 우기기
아는 정보가 많네요	빨리 먹는 시합 , 먹기 대결
알려주신 내용이 큰 도움이 되었어요 다음에 더 알려주세요	사생활 침해 당하는 것
~의견을 듣고 싶어요 자문을 구합니다	예고 없는 돌발행동, 돌발적인 상황

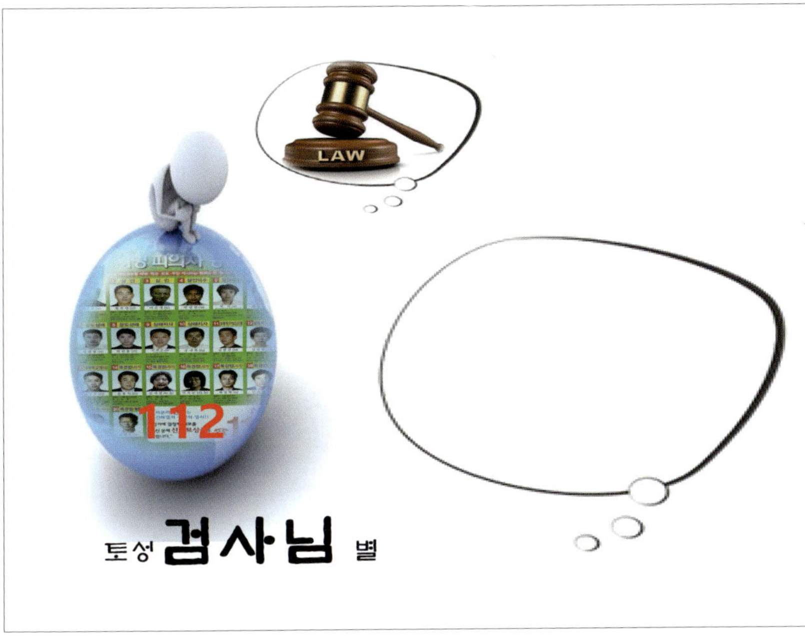

토성과 친해지기 쉬운 언어/행동	토성과 멀어지기 쉬운 언어/행동
안내해 드리겠습니다	장난하는 것, 놀리는 것
알려 드릴게요 (다정하고 차분한 목소리 톤)	큰소리로 다투거나 큰 고함소리
안전하게 하는 방법, 확인해본 결과, 검토한내용	갑자기 놀라게 만드는 일 (사건, 사고, 소식 등)
언제든지 물어보시면 다시 알려 드릴게요	연락두절
도와 줄게요 하나씩 차근차근 같이 해보자	혼자 알아서 해봐 마음대로 해
괜찮아요. 확실해요. 믿음이 가요	알 필요 없어, 믿을 필요 없어, 뭘 믿고

천왕성과 친해지기 쉬운 언어/행동	천왕성과 멀어지기 쉬운 언어/행동
덕분에 분위기가 살아요 환한 표정	심심해요, 지루해요
재미있어요(꿀잼)	재미없어요(노잼)
모델 같아요~ 예뻐요~ 연예인이세요?	시간제약, 구속, 숙제
말 잘하네요	묵묵부답
끼가 많네요	규칙적인, 일정한대로
이거 신상이에요	재활용, 재탕,

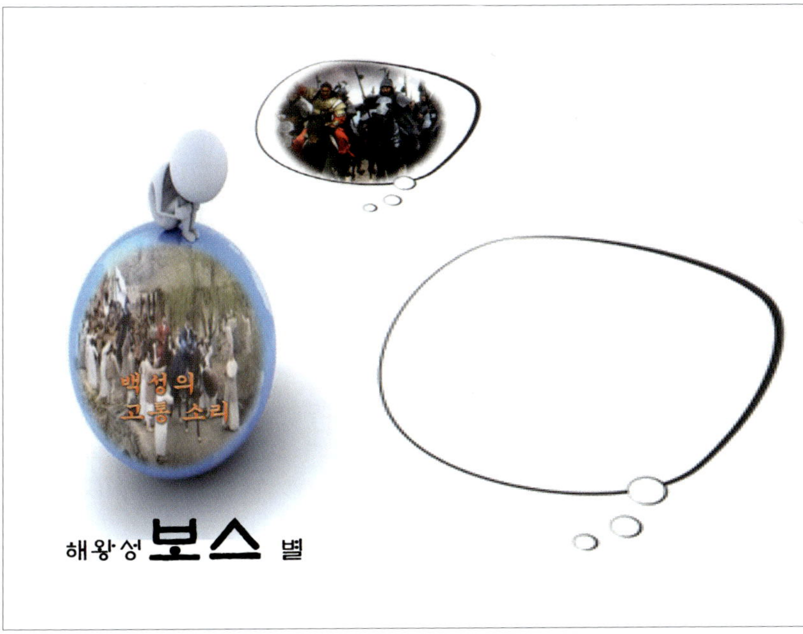

해왕성과 친해지기 쉬운 언어/행동	해왕성과 멀어지기 쉬운 언어/행동
즉시, 우렁차게, 당차게, 씩씩하게	잔소리....말대꾸.....우물쭈물
힘 좋다	힘 빠진 사람 취급 (무슨 힘이 있다고 그래?)
애교(아기들)	지시 받는 것, 통제
잘 먹는다, 든든하다	깨작거린다. 금식, 소식
의리 있다	의리 없다
행동파	말 뿐 , 결과 없음

NO 8.

인물 탐구

유형별 인물 탐구

수성 (선생님)

대표인물 -공자-

"군자는 세상에 좋아하거나 싫어하는 것이 없이 오직 옳은 것을 따를 뿐이다"

"예절의 법칙을 제대로 알지 않고서 인격을 쌓는 것은 불가능 하다"

"지식이란 무릇 알면 적용하고,모르면 모름을 인정하는 것이니라"

"어진 사람을 보면 그와 같이 되기를 생각하고, 어질지 않은 사람을 보면 속으로 스스로 반성하라. "

"나는 앎을 가지고 태어난 사람이 아니다. 옛 것을 좋아해 그것으로 부지런히 탐구해 온 사람이다."

"지혜가 넘치더라도 덕이 없다면 (권력을) 얻어도 반드시 잃을 것이다.
(知及之 仁不能守之 雖得之 必失之 / 지급지 인불능수지 수득지 필실지)"

금성 (친구)

대표인물 -마더 테레사 수녀-

"백 사람을 먹일 수 없다면 한 사람이라도 먹여라. "

"당신이 오늘 베푼 선행은 내일이면 사람들에게 잊혀질 것이다. 그래도 선행을 베풀어라. "

"다른 사람들을 평가한다면 그들을 사랑할 시간이 없다."

"강렬한 사랑은 판단하지 않는다. 주기만 할 뿐이다."

"세상에는 빵 한 조각 때문에 죽어가는 사람도 많지만, 작은 사랑도 받지 못해서 죽어가는 사람은 더 많다"

지구 (경영인)

대표인물 - 워렌 버핏 -

"주가 변동을 적으로 보지 말고 친구로 보라. 어리석음에 동참하지 말고 오히려 그것을 이용해서 이익을 내라."

"오늘의 투자자는 어제의 성장으로 수익을 내지 않는다."

"오늘 누군가가 그늘에 앉아 쉴 수 있는 이유는 오래 전에 누군가가 나무를 심었기 때문이다."

"가격은 우리가 내는 돈이며, 가치는 그것을 통해 얻는 것이다."

"명성을 쌓는 데는 20년이란 세월이 걸리며, 명성을 무너뜨리는 데는 채 5분도 걸리지 않는다. 그걸 명심한다면, 당신의 행동이 달라질 것이다."

화성 (치유자)

대표인물 -쇼팽-

"때로는 그저 신음하고 고통스러워 하다가, 내 절망을 피아노에 쏟아낼 수 밖에 없었습니다."

"나에게 당신의 시선이 모든 비평가의 찬사보다 의미 있다."

"마음에 걸리는 일이 있어도 마음의 짐을 덜어 줄 만한 영혼이 없다는 것은 무서운 일이야. 내 말이 무슨 뜻인지 알지? 나는 너에게 말했던 것들을 내 피아노에게 말해 주는거야."

"예술은 제한된 수단 속에서 무한하다."

"바하는 숫자의 도움과 더불어 세상에서 가장 아름다운 별들을 발견한 천문학자와 같다. 베토벤은 그의 영혼의 힘으로 온 우주를 포옹하였다. 나는 그렇게 높게 오르진 못한다. 오래 전에 나는 나의 우주는 사람의 영혼과 감정이 되기로 결정했다."

목성 (학자)

대표인물 -아인슈타인-

"이 세상에서 가장 이해할 수 없는 말은 이 세상을 이해할 수 있다는 말이다. "

"나는 단 한번도 이성적인 사고를 통해 발견한 적이 없다"

"나는 똑똑한 것이 아니라 단지 문제를 더 오래 연구할 뿐이다"

"모두가 비슷한 생각을 한다는 것은, 아무도 생각하고 있지 않다는 말이다."

"실험을 아무리 많이 해도 내가 옳음을 결코 입증할 수 없다. 단 하나의 실험만으로도 내가 틀렸음을 입증할 수 있기 때문이다"

토성 (검사)

대표인물 -간디-

"비폭력은 인류가 활용할 수 있는 가장 강력한 힘이다."

"그 어떤 것에서라도 내적인 도움과 위안을 찾을 수 있다면 그것을 잡아라."

"평화로 가는 길은 없다. 평화가 길이다."

"세상에서 보기를 바라는 변화, 스스로 그 변화가 되어야 한다."

"눈에는 눈(식의 보복)을 고집한다면 모든 세상의 눈이 멀게 된다."

"네 믿음은 네 생각이 된다. 네 생각은 네 말이 된다. 네 말은 네 행동이 된다. 네 행동은 네 습관이 된다. 네 습관은 네 가치가 된다. 네 가치는 네 운명이 된다."

천왕성 (예능인)

대표인물 -싸이-

"Dress classy, dance cheesy (고급스럽게 빼 입고, 저급하게 춤춰라)"

"전세계에서 가장 인기 있고 유명한 언어는 음악이다."

"지치면 지는 겁니다. 미치면 이기는 겁니다."

"세상이 나를 뭐라 판단해도 그냥 사는 거야 생긴 대로(노래 나팔바지 중)"

"그래 나 청개구리 그 누가 제 아무리 뭐라 해도 나는 나야. 우물 안의 개구리라도 나 행복하니 그래 그게 바로 나야(노래 청개구리 중)"

해왕성 (리더)

대표인물 -칭기즈칸-

"집안을 탓하지 말라. 나는 아홉 살에 아버지를 잃고 마을에서 쫓겨났다."

"작은 나라라고 탓하지 말라. 그림자 외에는 친구가 없었고
100 만명 밖에 안 되는 백성으로 제국을 이루었다."

"막막하고 답답한 현실을 탓하지 말라. 나는 목에 칼을 쓰고 탈출을 했고 얼굴에 화살을 맞고도 살아났다."

"나는 나를 극복하는 순간 칭기즈칸이 되어 있었다. "

"새로운 것에 대한 도전 없이 한가지 성과에 만족하여 안주한다면, 발전은 커녕 현재의 위치조차 유지하기 어렵다."

당신은 무슨 별(행성)에서 왔는지 아셨나요?

3 협상 십계명

협상 십계명

1. 협상 목표(Goal)를 분명히 한다.
1. 나의 유형(감각,행동,심리)과 상대방의 유형을 파악한다.
1. 협상 시작 시 상대방 유형에 따른 언어 및 감정표현으로 유대감을 형성한다.
1. 협상 전 상대방의 표준과 숨겨진 욕구를 찾아내어 상황 별 여러 대안(배트나 포함)을 준비한다.
1. 대안 마련 시 나의 가치와 상대방의 가치가 어떻게 다른 것인지 파악하여, 이를 효과적으로 교환할 수 있도록 다양한 카드를 준비한다.
1. 상대방 유형에 따른 맞춤형 협상을 진행한다.
1. 협상에 영향을 미칠 수 있는 제 3자가 있는 지 파악하여 그의 유형을 파악하고, 그를(혹은 그녀를) 활용할 방안을 생각한다.
1. 질문을 잘 활용하라.
1. 협상 시 서로 인정할 만한 객관적 기준을 만들고 이를 활용하라.
1. 합의에 이르기 쉬운 것부터 협상하고, 인내심을 갖고 협상한다.

감사 합니다

맺음말

필자는 제 자신이 어느 행성에서 왔는지
깨닫고 나서부터 훨씬 행복하게 살고 있습니다.
제 자신과 협상하는 법을 알게 되었기 때문입니다.

또한 필자는 사람들을 만날 때 마다 상대방을 관찰하여
상대방의 행성이 무엇인지 파악해보려고 하는 습관을 가지고 있습니다.
그래서 상대방의 행성에 따라 맞춤형 협상을 진행하려고 노력합니다.
혹시 당신도 그런 버릇이 생기셨다면협상 천재가 될 준비가 되었다고 생각합니다.

당신의 별(행성)은 무엇인가요?
그리고 상대방(부모님, 배우자, 자녀, 친구 등등)은
어느 별(행성)에서 왔나요?

독자 여러분도 마음 여행을 통해 별(행성)을 찾고,
성공적인 인생협상을 통해 더욱 행복해지시길 기원합니다.

참고문헌

Bandler, R. and Grinder, J. (1979), *Frog into Princes : Neuro Lingustic Programming*, Moab U.T. Real People Press, p.7-11.

Boyd, C.F. (1994), *The Family Discovery Profile Manual*, Oregon, Multnomah, p.12.

Diamond S. (2012), *Getting More : How to Be a More Persuasive Person in Work and in Life*, Currency Press, p.1-416.

Fisher R. (2011), Getting to Yes : *Negotiating Agreement Without Giving In*, Penguin Books, p.1-240.

Marston, W.M. (1979), *Emotion of Normal People*, Minneapolis: Persona Press, p.18-28.

Wallace, S.R., Clarke, W.V. & Dry,R.J. (1956), The Activity Vector Analysis as a Selector of Life Insurance Salesmen, *Personnel Psychology*, 9(3), 337-345.